This book is dedicated to the memories of my two cousins Ged Mulholland and Jimmy McCabe.

Thanks to all who made this book possible, with special thanks going to Karen Adam, Luna and Art Angel for their much appreciated help and assistance.

Love rules

This is the forty first edition of Luna

INSIDE OOT

by

Kevin McCabe

SALTY PRESS

First published in 2005 by Salty Press
Mains of Airlie
Kirriemuir
Angus

This anthology copyright Kevin McCabe 2005

All rights reserved. No part of this book may be reproduced in printed form, photocopied, on microfiche, or in any electronic format (including the internet) without the prior consent of the author in accordance with the provisions of the Copyright, Designs and Patents Act 1988.

This book is sold subject to the condition that it shall not by way of trade or otherwise be circulated without the publisher's consent in any form of binding or cover other than that in which it is published and without a similar condition being imposed on any subsequent purchaser.

A catalogue record for this book is available from the British Library.

ISBN 0-9538413-6-7

Cover design by Rosie Summerton

Typography by K Bailey

Printed in Great Britain by Woods of Perth Ltd., Perth, Scotland.

First

Thi news thit meh view ull finally mak thi printers iz a magic wunter gift ti lift thi sowel breefly iz thoosands o screems screem roond thi planet n cannit be a fact thit thi herendus act ditracts fae whit ev acheeved iz wi a greeve united fir thi breeved iz wur bileef n one troo god gits robbed n wur hert n sanctury lez heh up thi mountins safe on dreh land n thi mixchir o finally gittin whar eh wahnt ti git n thi knolidge thit nature iz a force thit whi canna kintrol eh roll thi dice once maer lookin fir faer climate iz thi humin primate dancez n thi dark hoppin fir a spark ignitin hope wein danger thi pager n thi straingir wha wid hud oot thi hand o frenship lit up wi a hopefill smile wile geein whit wi can standin side beh side efter such n erriffic tide o murdir n eh shuddir ti hink wen hinkin it coodi happind ti mee such coorse realitee factuillee imprintid wi n meh bren n wi wundir how wir fuckin insain bit then aggen life goze on iz wi sing thi sang o confuzhin intruziv n ivery wie wen thinkin o ah thit dehd sirprezed iz thi oshin rezziz kikin up a storm on thit fatefull morn cornflakes n wavze iz brave peepul treh n save yung bairns wi nae cloo o whits goin doon iz soon thill be consoomed beh thi gallupin sea left n buts atween thi mud n stull eh kid hardly tak it n iz eh kin bairly look ten dayz later eh git telt em releesin meh book ah lookit whit eh feel see n hink imigiz fae meh mind aboot timze ingraved n meh soul whit eh dun wen on thi dole mad n insignifikint far fae publik gaze n space kent ony ti me whar meh speshialitee wiz unitee o mind n stull thae pirsistid lockin iz awa iz tho ehd kimmited crime cut fae thi vine n meh prime dienin wit hi dammed clammed up wi medikaishin doctirs inspiraishin wen flexin eez mussil iz ye leh a tehd up n a muddil wen ah ye reelee needid wiz a cuddil iz ye stand n a puddil o teerz coz ye coodna undirstand yir feerz but whit taerz it thi hert iz kennin yir still yu wi yir hade n a stew n naebudy but naebudy ull lissin ti yir view a troo side o meh natchir wen thi wurulds goin thru this daingir straingir it every turn iz eh churn oot meh thots on thi page free fae bein tortchirred wein ah mentill cage.

Second

Tsunami o a diffrint kind strikes hard n Kenya mulairea cumz roond n a seezonil order crossin a bordirz killin at wull maistly bairns no carin wha thi victim iz wi nae monay fir hospital treetmint thi same seekwence thi freekwent loss o life a lone cheef diz whit ee kin on limitid resorsez n thi hope ee kin stave af thi grave diggin wi govermint help but telt thid be looked efter but efter never came iz seek n laim childrinz ony hope wiz thi local kwaks wha ony hae some o thi facks but sometimes gitit right n thits thi furthist thi currincy goze whar povirty iz thi rooler nae mercy diz it show cuttin n ti mind n soul wi nothin ti eet n thur bowl eh feel fir thur plite on a nite wen trajiday iz a aroond eh pray n meh hert fir that powir deep wein fir peece fir heelin fir meenin fir mankind ti be brave fir n meh vu wur mitee close ti judgmint day

Third

Empathy pours fae thi wurldz conshince wi thi hope o rebildin lifes keepin ower a milyin fed wile n thi midst o greevin thi ded struglin wi loss serchin fir coz reezinz weh so mennae hid ti deh thus kid be a windo wi must tak arradikatin this jurnay o self distrukshin thi sidukshin o profit thi disrigard o naychir kin be thi daynjir mair straynjir thin afore thi balince shift iz thi green hoose iffect riflex badlay on progress thi industrail misheen freend ony ti thi munny makirs a profiteers dreem seen ony beh naim faimed iz thi idil rich wile childrin beh thi milyinz end up n thi dich throo nae folt o thur ain aggen n aggen n aggen but then whit wid hapin if thi shoo wiz on thi uther fut yid expekt thum ti gee a fuk n gee yu a helpin hand but that wiz ne er thi wite manz plan whit wull whi dae wen a hinz sand ript fae yir hand brandid wi gilt iz thi pain felt beh milyinz cozzd beh shite wull ower nite git left a hind ti pondir thur crimz iz whi finulay git wur wie wen riseevin iternity n hate iz left ti deh wi thi ainz thit dun nuthin but led wacht wi nae rigard it thi ainz thit fred undir thi burnin sun n stul yu kerrayed on churnin oot gun eftir gun run beh eevil profiteerz wha sneer it men like me wha ony want ti be hapee free fae angir n hait a fait thits twistid wi greef n a wi want iz rileef thit mibee wi kin a git on iz wi sing thi same ald sang yu ken whit yu kid dae wi yir gang eh dinna want ti be a pert o whit maks thi wurld go bang eh hink its rang n lang mae eh dreem aboot peece n oor time whar crimz dinna egzist ony ikazhinilae gittin n a twist mibee pisst but nae fists ir n inlistin n ti thi angray mob robbd o ah creativ fuchir iz yir agressiv chutir braks yi ti mak yi n ti whit yir no so wiv gotta ken whit whi want also whit wi kan n kant but whit dae eh ken its ony a fuckin rant

Fourth

Darknis lifts n az lite filtirz throo thi sombir mood cheenjiz undirstood az sirvevil a levil o reburth n thi nolij thit wur stul alev if whi stop naychir taks cumand sproutin shoots fae seeds thit ull feed nurchir giv coz fir sellibraeshin reintigraeshin o a naeshin doon on itz neez pleedin fir a chans ti rimans oor angry iggzistinz withoot insistinz fir profit simpil fowk gee whit thae kan wen thae kan iv thae kan az thi ony plan thiv got iz ti mak it ti thi nixt day n jist afore thae sleep thae shut thur ez n pray

Fifth

Keepin thi peepil ullev eftir thi shok o whits hapind ti theez payir sowelz seemz ti be it thi forefrunt n kopin wi thus trajiday thoozindz o daid corpsiz leh wi oot dignitay eh dinni ken but ev stopt buleevin it wiz n erthkwake coz wiv been fed leh eftir leh since eh kin rimembir fae a siedz n it dizna seem ti metir wha gits thi powir ivree owir iz spent ritaynin thi staytiz kwo parinnoid nayshinz kling ti thi ehdeei thit ony a kroosade kin gee purpiss n noo thi it hits hard thi it wiz ayewiz aboot peepil n n how wi rhilate wi eech ithir wull whi no undirstand thi meenin o sistir n brithir karin fir ithirz kennin mithir erth yoozyillay gits ir wie withir whi play thi gemm ir not wur n ir litul kot a thot thit tot me well n wurint whi lukay ti iscape thit hell thit smellz o rottin flesh n thi sun whar irijinillay thae wir it thi beech fir fun n endid on thi run sum wir lukay n iskaypt wi thur life but thi hardist pert ull be keepin thum ullev

Sixth

Sixtay thoozind daeths n rezin wen thi indein oashin cozd loadz o cumoashin reekin devistaeshin ti difrint naeshinz mithir naechirz terririst strike maks binladin look a skool boolee iz thi inormitay o it kix n aid ajinsaiz unite daein thi rite thin n this grim imerjinsay wull imerika wipe oot this axiss o eevul wi mair booshinomix kid it huv been a warnin aboot whits ti kum thi nitemair seezin whar nae reezin kin find n ansir o yull git lang explinaeshinz on thi propigandi screenz iz thi krismiss turkay dizna ipeel iz a eh feel iz helpliss thit a ev got ti offir iz a few coppirz n theez wurds a sort o prayir thit mite gee a messige o hope iz sinseer iz a luvirz hold thit eh wiz told oor destinay lez wi n biginnin wen whi deh thi jurnay wi a tak bak ti oor spirichil home a place whar luvirz roam whar wur sowel iz ne er a lain iz ain beh ain whi tak wur place n thi sowel train bound fir paschirz noo so eh hope fir a dreem kum troo thit luv wull be thi riflekshin guidin thum ti pirfekshin a sort a rezirekshin

Seventh

Charity doo gaiz doon a storrum az migonigulz disiepil cuts throo lez iz ee applez eezsell wi dundee bantir beltin oot rime n a kantir smartir than inezstienz theeree o relativitay coz it hud meenin thut wi ah undirstood feelinz aboot thi good n the rood n ti me itz food thit eh kid handull eh wiz on eftir mark meh naimz kid kandull a workin klas skandull whaz cum ti ratill eez tonsillz fir them n fir uz withoot hiedin n thi dark n nixt ti cum wiz brithir mark wi hiz pozitiv voise geein thi krowd anithir choise az thi boyz n thi band rokt til thae dropt wile puntirz partid wi cash it thus workin minz bash whar cheerz wir greetid wi smielz az a nite on thi tielz thit supporetid a jenuin coz o need n greed wiz unseen jist oot o gaze az this faze o givin iz a lessin wi must hud deer wen rimembirin thi feer o whit naychir kin thro up n how powirliss wi ir ti itz powirfill foresiz iz man gits put n eez plase smakt az tho a cheekee bairin stairin deth n thi een n a whi kin treh n dae iz oor bit wen left ti kleen up thi shit wen charity iz oor disizshin coz a ye hid ti dae wiz pit yersel n thur pizishin n feel how helpliss it kin be wen maist o yer kin git washed oot ti sea

Eighth

Eh ayewiz feel gilty aboot shit eh wiz ment ti dae but ne er got roond ti it meh furst memiray o gilt iv meh memiray servz iz rite wiz wen jist a bairin n meh teechir didni lit iz go fir a shite me thi poor wee mite hid ti hud it n but jist no lang inuff iz eh dumpt n meh drarz jist ootside thi clowsay koodni hud it n nae mair then thi unfairniss o meh femilaiz split made iz feel gilty fir yeerz eevin noo thi gilty feelinz o no beein able ti git a grip ript throo a thit eh am n ah eh kin dae iz be thi man wi nae plan ony a fan o life wi me n meh wife haein thi wull ti face ony bill spulld throo oor doar n whitz mair oor flair ull be washt n swept whar nae det ull gaithir fir meh wifes a saivir gein wursel a betir pert iz thi luv shi hiz fir iz iz n ir hert alert winivir thi githir sunshine withir iz wi blethir fir ivir lost n a luv o wur ain dizine n fine eh am wi thus turn o ivents eh spent ahin chaisin fawls dreemz skeemz o copir n goald iz eh soald whit eh wiz aboot but mannijed ti keep a fut n onesty meh liburty iz eh say graitfuly eh canni help feelin gilty

Ninth

Thi luv eh hae fir meh wife iz like n ivir lastin lite wich dazzilz wen wi kiss n eh wish eh kin be thi dreem makir wha ull gee ir thi life shi dizervz thus klassy laidee wha gave ir luv ti me n ayewiz diz ir best iz graysful iz graysful kin be n ah eh want fir hur iz thi luv shi hiz fir me unkindishnil n iviree way n eh prey wull hae thi chance ti ipreesheate how finally wi got a grip efter yeerz hid slipt throo oor previt strugilz wi mayst o it coz meh haid wiz n a muddil n yi wur thayer dayin yir best wi kissiz n cudilz eh shudir ti hink thit ain day yid say thats it ev took inuff n beh kriest yid hae gid reezin but this speshil sowel wha tot me how ti liv n proovd throo endliss hertake whar ed lit ir doon badlay n yes sadlay eh hud meh hand up n dizgrace this misplaist nuttir crawlin n thi guttir n iv eh shid uttir meh innir maist thot it wid be a list o whit ehll dae fir mi sowel mait kwyitlay sleepin up stayirz ed wispir jentlay n ir eer eh luv ye n fir ivir ehll kare fir ah thi time ev kent yi yiv ayewiz treetid iz fare n whits mair yir biutee noze nae end fir yir meh ony luvir n meh best frend

Tenth

Eh hink meh sis iz thi biz wi ur dilektibil biutee thus kiutee o a feemale tuchiz n a grayshiz mannir gathird standin ur grund n eh hink shiz fund a bundil o silushinz weh shi eksikutes ur bonay smile n it dialz a sang n meh hert aboot how smert eh hink shi iz iz shi morilay taks thi pis wen kwizin yi ower shite n ah thi time em hinkin shiz rite n nites huv fild wi laftir coz thirz nabydee daftir than yu n wi oot hinkin eny dout thitz how eh luv yu

Eleventh

Gid ti see brithir frank whi ayewiz choon rite n takin aff fae whar wi left aff ee lissind ti whit eh hid ti say whit meh feerz wir no ony fir um but wiz a n it wiz bra chillin aebil n willin ispeshilay noo thit wur thit wee bit mair wyzir ti life n whit whi ikspekt ir whit whi illekt ti folow it ony givin time eh spoke aboot foke n rime line eftir line wiz churnd fae meh hert jist ti lit um ken thit mi shit iz wit laffin it wur strugil sed fae a pizishin o sicuritay rootid wi mi wife goin throo life eh kid see frank ower thi moon fir whar wiv landid brandid n merrij nae wedj ull keep us ipert noo wur it thi pert illert ti oor mistakes pitin on thi braiks fir goodnis sake makin shair wuv a got a stake stikin thi githir n brithir frank thanks fir drappin n n eh pray yi bigin ti see whit yi kid icheev iplehin spirit ti wha yi ar gitin bizee livin beein thi lad creatid beh dad thi man waz clivir n nice so lissin ti dadz advice thurz nuthin yi canni dae if yi gee yirsel a kik yull lik yir feerz n wohz fir wi a luv yi so

Twelfth

Eh thot o meh gran smylin it me wen shi sed ti thi femilee iv yi luv ain inither yi luv me meh gran wi a mistik plan geed ti hur beh luvz hand thi simpill hingz like huddin meh pam luvin me wen shi kan thi laydee wa eh hud deerlay meh gran

Thirteenth

Suddinlay eh rimembird thi wurdz shi sed iz eh lay n bed yi meen mair ti me illev than ded she sed thi girl ev wed waz runnin aroond meh hed insted o geein n angray rispons jist afore eh sleep eh hink pozitivlay well it leest ev got inithir week

Fourteenth

Its no aboot thi munay or thi faim its aboot whits runnin aroond yir brain az yi tame yir eegitstikil opisit n az thi plodits slip af inti thi nite thi fite wi in taks a turn churnin up memirayz o sadnis wi only madnis left ti hold n cold tho it mae seem n this nitemair o dreemz ain hing yiv got ti doo iz hae a bit o rispekt fir yu

Fifteenth

Endliss supply o creditorz wantin ti gee iz thur cash pit ah meh debt n one big baskit n eh ask ye iz it fare ti dare dangil thi carrit n front o yir ehz only thin thi dinna tell ye yull be piein thum fir thi rest o yir life ony clear when they emptay yu oot o ah ye pozess n thi process o iliminashin control o thi populashin wi thur inflashin destinashin thi separashin o yu fae yir cash iz thay stash it thi bank ti be yazed n thi ill gottin game iz thae frame thi workin man thit yiv gotta grab whit ye can mak iz much iz ye can dam dam dam lambz tit hi slottir wen wi ought ti git a grip wen pittid agenst want thi font o evreethin n mair so yiv gotta care fare n hert n mind wen wi a ken profit iz thi crime thi chase fir mair o yu a vu glued wi thi pain o life whar meh wife works hard n evreethin shi puts hur hand ti geein me me thi opportunitay ti suss theez bastards oot cute wi whit thuv created a wurld thits separated packaged iz thae stole oor time a crime thit some hud furgot unless thits wut ye baught taught n previt skailz wha ull gee ye thur eekinomic reezons n sustainin welth wen reely maist fowk ony want gaid helth a chance ti breeth cleen air fair justiss geein hope allowin us ti want ti liv a n piece releesed fae hurt feelin thi warmth thit comz wi bein wantid no brandid iz a lier left burnin n thi fire roastid it thi stake az ye coodna git a brake n firgivness came way to late wi a hartake thit widni disapeer wen fears clear fir sumthin wurse n eh widda settled fir a bang n thi puss iz lust iz a thits left ti ixplore wit hi pervze screemin more more more iz thi scorz n naibuddees faevir saevirred beh thi godz n a eh kin dae iz riject thi capitalist hunny fir eh want luv nut munny mair funnyir sunnyir thin afore n a wuv gotta dae iz simply opin thi door thi shore o wur igzistince wi a pirsistince ti suckseed thi new breedz seed taks hud n thi mud iz spirit dwelz inside thi place fir me n meh bride noo thit thurz nae whar ti hide n wur hopes ir thi pride n wur soul iz wi heetup wi burnin coal

Sixteenth

Mibee eh wull mibee eh wont but dont say nivir if ivir yi see me kreh thi weh iz nivir cleer neer hingz huv ayewiz hung aboot pootin iz it a place whar eh trace map oot a noo thi moarin adoarin imijiz sweem unkinvinsin n meh mind it a time eh find peese n thi diseest sees ti mak a contribushin n silushinz ir nae whar neer n a em left wi iz thi feer wile eh steer meh imoshin ti thi noshin o a poshin thit ull set wi free n eh ayewiz git stuk atween thi divil n thi deep bloo sea

Seventeenth

Expektin yir first kin be dontin it thi best o times bit wen jist a chyild yirsell bringin n anither life no hayin much o a kloo whit thi fewchur hudz kin grip yi wi feer bit whit hapind ti this chyild fae a pirverse n wyild freek geez me thi kreeps iz a femilay weeps fir mithir n baybee fund haf naykid n ishaimd thi day eftir krismiss morn so wi pray fir thi soulz o ir n ir unborn iz whi skorn enay chance o firgivniss iz thi bizniss o murdir turnz nastay wen chuldrin seem ti be thi ainz thit thae fansay eh hink thae git aff on thur vulnuribulitay seekin n trapin thi viktum iz iv ti feed thur durtay habbut then disipeerin n ti thi darkniss thi blakniss o thur mind no fuckin kayrin withir mayst kol it crime fir theez basturdz huv stept owir thi line iz thae go aboot n thur beest o a wie bit time hiz a wie o kachin thum unaware trapt n thur ain trap slapt wi a sentinz iz thae wait thur turn n iv it wuz left up ti me ehd wach thum burn till thi wun persin wha kid save thum savz thum coz furgivniss kin ony kum fae thi victum

Eighteenth

Sun shon upon thi pebil n thi pond az thi noo day dond eh wiz a bit sirprezd beh thi heet but ainz eh fund meh feet eh neetlay ripeetid whit eh lernd n thi street so it wiz gid ti bee hame daein mi stuf iz eh puf thi pipes o peace a rilees o grace n spaesiz kent ony beh mee withir yi agree ir not time tot mee thi art o payshinss iz eh made no a moov eh proovd angir iz a frend no ti bee trustid n hayt wiz ayewiz a luvirz scornd wen born n thi gutir mutirin woaz o ivree diskripshin wile klingin ti yir priskripshin feedin n idikshin thi inflikshin on tit hi massiz povirtay thi tee taebil wi nae grub jist thi staoil smel o thi pub memrayz o last weeks jyro lehin unkumfirtibil n thi bin iz yi bigin ti lern iboot rijekshin difekshin o frendz allyz n war bard fae sohshul justis n must iv praid wah doon deep iz meh leep o fayth bringz hope eftir yeerz o no beein aybul ti cope on thi slipiray slope go n nae whar but deepir n ti thi myre a sort o fierz been burnin churnin up feelinz o whit eh kin dae meh majik wi thi pohitray proovin it last thi past wiz fast wen cast adrift on thi wayvz thit thae wur far to yung wen goin ti thur grayvz but whit dae yi ekspekt wen gittin treetid iz slayvz n shid powirful figurz no treet whi rite iv thae ikspekt wi ti behave

Nineteenth

Thurstay fir luv n meh kumpashinit stanss ehin ir up wi a mischivis glanss iz whi inhanss wir meenin on thi danss flair shuflin ti thi beet a northern treet ripeetid n wur haid n eh ayewiz said unafrayd thit it wiz a perfict rilees o stress wen daein wur best a gest o haein a gid time n noo eh sit rytin rime rimemberin thi time whi got thi gither many yeerz igo n stul eh feel thi wie eh did bak then gled thit yi stuk aroond aggen n aggen yi kaird shaird yir ivree pizeshin camin meh igressiv naychur thi strainjir eh koodni undirstand n ivree strand o wha eh am ull luv yi fir em yir man huddin yir hand wi a plan thit lehz n wur herts a pert borin oot o reezin thi seezin wi summir sun fun fir hur n mee sankchiree a plais ti dwell n yi kin tell its libirtee thi ony plais yi kin bee free harminee o spirit n it shoor feelz gid thit yir meh luvir thi ither haf o me wha eh ull luv fir a eternitee

Twentieth

Wi irrevd fairly late friday nite bak it valtos n iland hideaway a chans ti be kreativ serchin thi koridirz n roomz o n imajinashin thit kenz nae bowndz sowndz o thi sea alang wi thi stilnis o iland rok a sorti spirichil tok wokin throo thi spirit n it wiz a speshil momint atween frendz which sendz hope n skope fir a new timorow eevin tho sorowz close it hand thi stand ee took a pozitiv look it wha whi hink whi ar far fae publik gaiz a faiz o heelin on thi rode ti free ikspreshin a lesin n luv n eh huv ti say eh wiz moovd beh eez imoshin n thi pain o speriashin az eez diterminashin ti gee me bileef a rileef fae dout n mistrust a chans ti sus wir misgivinz livin n iland space so grace wurks its misteeryous majik wen trajik has been thi coll n smol steps wi big leeps looks like on thi kairds whar konfidins growz fae haid ti tae showin whit kin dae wi wur pozitivitay

Twenty First

Martin clark fae thi cutty sark leedz thi atak fae thi side o thi park n hiz nivir lakt spirit n it dizni metir iv its hail ren ir sna martin suportid thi cutty fae ee wiz sma wachin shoutin on eez teem thi cutty misheen n eh meen eez seen meny gloray nites wi loadz o trofayz too n noo em hinkin martin it wiz ah doon ti yoo a man whaz ayewiz gled ti see yi wi n iver prezint smile n iv thi cutty needid a goal eed wak a hundrid mile

Twenty Second

Eez kidz ir eez inspirayshin diterminayshin ti gee them thi best fuchir posibil so eez pripayird ti maym kripil eevin kill ti fulfill persinul ambishin ee il git n thi best posibil kindishin dilivirin pane ti thi bren iggen n iggen then wen thi fite iz wun n fun fild iloozyin a difuzyin o thi sensiz is how ee copes wen stepin throo thi ropes pittin hert n sole fir a gole o eez ain intenshin bit menshin luv n thi fytir feelz naykid ishaymd o whit eez punshiz did n n eez hert ee bileevz ee dun it fir eez kidz n eh wid n shid posiblay igree bit whit a life gled its no me

Twenty Third

A wee git thi gither it miks iz eh tak thi step inti a wurld o nolej lernin n trehin ti sirvez iz n artist n thi praktis o meh art eh luvd how thi bantir swung fae ain hing ti thi ithir withir eh shid profit fae meh wurk a yinanimis yes wiz thi shout be n no dout it ull wurk oot iv yi poot pozitiv thot n ti this kilektiv bot wi onistay iz eh rez fae povirtay n see thit meh wurk diz mak a difirins ispeshilay meh refirins ti luv n noo eh huv wakt throo thi dore o a feuchir wi chootirz it ivree levil eh revil n spirit n it seemz si cleer iz eh jot doon theez wurdz thit meh life hiz a few opshinz instid o a hin up fir okshin meh reakshin ti this akshin hiz fild iz up wi satizfakshin kenin meh direkshin hiz ti be forwird moshin o lite n nite drifts mistikily throo wur dreemz wen kilydin wi skeemz n uttir kinfuzyin leevin thi fuzyin wi grace a place n wur sole telt fae n unuzyil angil jist a vew fae kid kandil

Twenty Fourth

Allthoe alain eh vizyillez n meh brain a pikchir o hivinlay splendir sunshine wethir guidin me ti blethir aboot n imij n thi conchis mind rime wi spirichill reezin withoot any sine o treezin jist apeezin skweezin negativ vibez thit yi find n maist trybz ower kummin thum iz yi opin yer hert allowin yirsel ti heel feelinz o angir cheenjin inti pozitivitay wi a realitay on a diffrint sykill mykill gits eez wish a fish wi a but o histiray no thi shite thit kumz fae thi ministray sertinlay no poetray n thi rowtiray jist kanni suport whi a thi cheks jist keep gitin bigir n thikir iz wi bikir fir thi krumz argeein wi chumz o lang standin jist ti git oor wie wi a shout o tummorow wi die n eh jist kanni wach fuckin brayvhert anymair kennin fuck allz cheenjd n thi freendz o yaistirday ir held close supoezidlay n oor herts riminedin us whar wur fae iz eh look ti thi hivinz n pray kin yi heel thi rifts o povirtay n this lotiray whar thi havz grab it a fir thumselz hellbent on distrukshin thi sidukshin thit turnz thum on n its so sad thi song wi sing klingin ti thi ledj wen menay ir lost foerst ti jump ower thi edj

Twenty Fifth

Litil pickchirz o lite shinin n evree wie aboot ti pie thi ultimit price fir bein a jew torchirred n murdirred beh a croo o libirty takin bastirds ald laideez tontid poked wi a stik fae ain o thi biggist priks wha git thur kiks sistimatikly distroyin a race thit hiz nae place n thur airain ordir so thae ship thum across border ti border on a one wie line millyinz o peepil whad cumittid nae crime yit theez swinz wir cummitid ti thi coz goin ti great lenths spendin loadz o effirt workin on eddeiz thit wid be thur final sullushin thi exicushin o innosint victums o evul plade oot beh sutanik bent sent fae a beest wha feestid n greef cheef o thi fier o hell iz eh tell misell thi story a gory rimindir fae thi past ti shak ye ti thi core kennin thi dore o freedum wiz shut tite wen wi herd o thi screems wich greeted thi nite n eh opin meh hert welcumin wi a lite thit ye gave ti me thit wen gast thae wir set free fir n deth thurs ekwallitee

Twenty Sixth

Ev been racist misell at sertin times o meh life eh kin mind o bein n thi lowkil azhin shop n eh thot ee dun iz ye see eh bot a fone kaird fir a tenir n wen eh went doon thi road eh nivir got any tok time so back up ti thi shops ehd go ragin aboot how ehd been ript beh um whi startid argeein n afore eh kent ennithin ehd colled um a blak bastard eh hink it wiz boarin oot frustrashin hinkin eed puld a fest ain n resortid ti guttir langwidge whit shid ner be excused ee wiz a yung lad wich wid sijest a but o a power trip me eh jist hink eh slipped inti a cariktiristik thit ust ti be me wen eh kent nuthin aboot feelinz n widnae hink twice aboot pitin ye doon if eh thot it wid keep me fae daein thi rite thin furgiv me fir meh sin

Twenty Seventh

Blak luv poarz wizdum n trooth wi muzikil justiss n difikilt times n eh find rime maistlay ah ev got ti giv iz eh liv on bare isenshilz as haein nae kridenshilz ir digreez bar me takin up ah pizishin o choys but stull thus voys inside telz me no ti hide coz ain o theez days thill a want on oor side stand up toll az this coll yu heer on inithir levil like pebilz on thi beech az wi reech oor destinashin iz n inspirashinil beet n ah yi got ti dae iz moov yir feet ir feel thi groov wi moovz atween space n time n how eh discuverd it wiz rytin rime

Twenty Eighth

Eh wiz gonna rite about e = mc² eftir ed stayrd it thi skreen n seen eksplinaysinz whar mass mattir n lite kinekt but stull eh ilekt ti direkt meh hinkin inti thi enirjy whi pass fae vibe ti vibe feelinz o ivree pirswayzyin kumpleet iniolayshin o thi negitiv yu proovin such a theeree kirekt eh suspekt yir hinkin iz ee no tawkin shite n rite sum wid say yi ir but it dizna haf stir thi blud shid whi no git hingz rite n wur haid wen reelee ifrayd iz whit whi feel thankfil maest nites fir a meel whar thi reel deel gits seeld wi a kis telt ti cloaz yir ehz n mak a wish eevin wen pisht thi lists o freendz gits langir staggirin fae bar ti bar but az far az eh kin see whit ull bee ull bee wen free hinkin soles igree n yu n mee n ah thi rest shid bless ikspress whit whi hud n wur hert iv thits thi pert wi shayr uzyillay works iv whi care n a yi hae ti dae iz bee thare ur iz it e = mc²